Oma

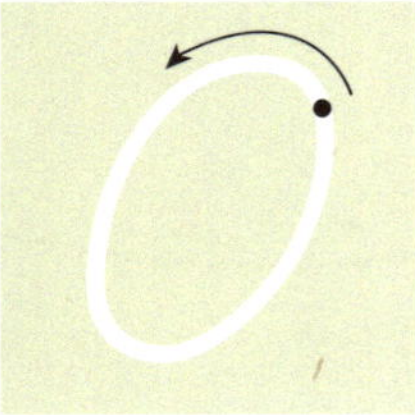

Oma Oma Oma Oma

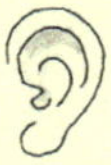

Oma

m

i r n m

m

Oma Oma Oma Oma m m

m m

Oma

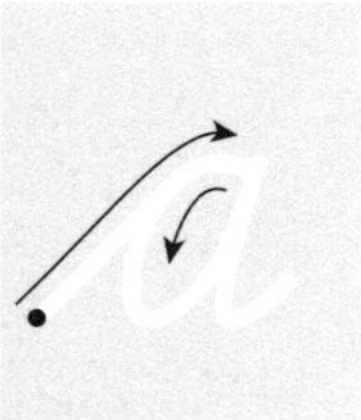

a a

Om a Om a Om a Om a a a

a a

ma ma

Oma

Om

O

Mama

Mama Mama Mama

M M

Ma Ma

Mama

Mam

Ma

M

Oma

Mama

Mia   Mimi

i i i

Mia Mia Mia Mia Mia

Mimi Mimi Mimi Mimi

i i

Mi Mi

Mia

Mi

M

i a

M

i

Mimi
Mim
Mi
M

i i m
M

im  am 

im im
am am

ist 
ist 

Mama
Mam

i i

Oma
Om

Papa

Opa

P P P

Papa Papa Papa Papa Papa

P P

p p p

p p p

Papa Papa Papa Papa Papa p

p p

Pa Pa pa pa

Papa Opa

Pap Op

Pa O

P

Papa

Opa

ist 

ist 

ist 

ist 

ist 

Mia ruft 

Mama ruft 

Oma ruft 

Opa ruft 

Papa ruft 

Mimi ruft 

Nina

N N N

Nina Nina Nina Nina N

   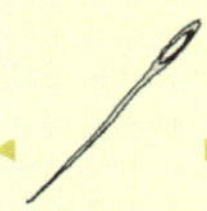

N N

Ni Ni

n n

Nina Nina Nina Nina n n

n n

na na

Nina

Nin

Ni

N

 ist im 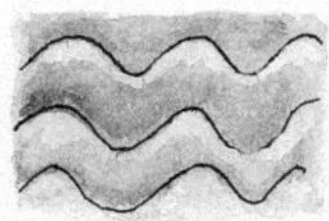 .

 ruft  .

 ruft  .

Ina

J

na na na na na

Ina

In

n J

a

___ ist im 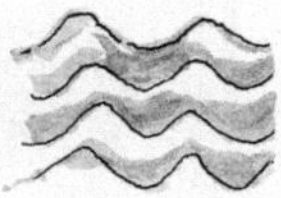 .

___ ist im 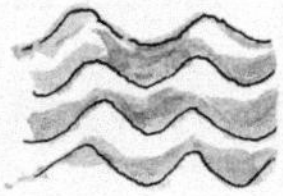 .

Mia ruft ___ .

___ ist am  .

Ist Ina am 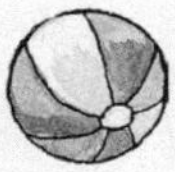 ? ? ? ? ? ? ? ?

___ ist ___ ___ .

M m

Mama Nina Mimi

Ina Mia Oma

N n

Mama Nina Mimi

Ina Mia Oma

Moni

o o o o
o

Moni Moni Moni Moni o o

o o

Moni

Mon

Mo

M

Zu den Fibelseiten 14, 15

Oma ruft: Moni! Mia!

!

Mia ruft:

Moni ruft:

Mimi ruft:

Moni ruft:

a *Moni* *Mia* *Oma* *Mo* *am*

o *Moni* *Mia* *Oma* *Mo* *am*

Toni

T T T

Toni Toni Toni Toni Toni Toni

T T

Toni

Ton

To

T

M

T

mi mi mi mi mi mi mi

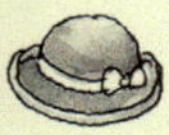    

mis mis

Mia mis

Lilo

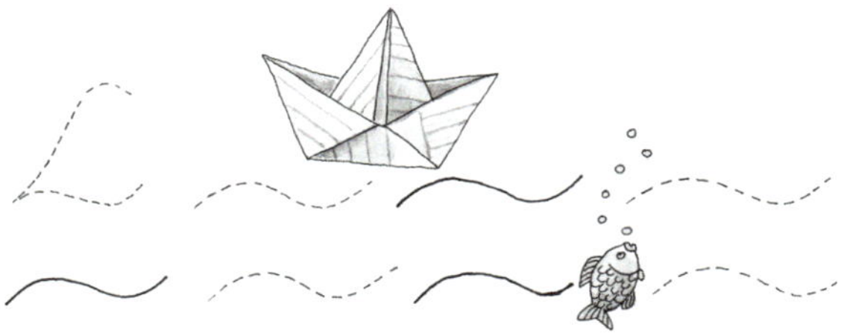

L L L L

Lilo Lilo Lilo Lilo Lilo L

    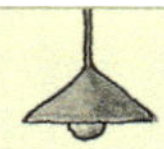

L L

Li Li

l l l
l

Lilo Lilo Lilo Lilo Lilo ll

l l

lo lo

malt lt lt lt lt

Lilo malt

Lil mal

Li ma

L m

Ali

A A A A

Ali Ali Ali Ali Ali Ali Ali

A A

Ali Ali Ali Ali Ali Ali Ali

Ali Ali

Am  ist

 ist

 ist

 ist

Uli   Muli

U U U U u

U

i U

U

Uli Uli Uli Uli Uli Uli Uli U

U U

Uli Uli

u

i u

u

Muli Muli Muli Muli u u

u u

Muli Muli

n n n n n n n n n n n n

u u u u u u

nun nun

u Toni Muli Ina nun nanu

n Toni Muli Ina nun nanu

O P M L A I N T U A N M

O

i m t o p u l n a i u n m p

i

Zu den Fibelseiten 22, 23

Ela 

 Ente

E E E

E E E

Ela Ela Ela Ela Ela Ela Ela

E E

e e e

Ente Ente Ente Ente Ente e e

e e

Ente Ente

Enten Enten

alle malen

all male

a mal

e Alle malen Manuela.

l Alle malen Manuela.

l e l e

Susi

S

S S S

S

Susi Susi Susi Susi Susi Susi

S S

s s s s

s

Su i Su i Su i Su i Su i Su i

  6 7 

s s

Susi

Sus

Su

S

lesen

lese

les

le

lesen lesen

Alle lesen, lesen, lesen.

Alle

ANNE ist
in TANNE.

Anne ist in Tanne.

ist ist

R	r

Rosi rollt.

R R R

Rosi Rosi Rosi Rosi Rosi Rosi

R R

Rosi Rosi

r r r

rollt rollt rollt rollt rollt r r

r r

rollt rollt ro r ro

rennt rennt re r re

lernt lernt rn r rn

rollen	rennen	lernen
rolle	renne	lerne
roll	renn	lern

rollt • rennt

Rosi .

Tilo .

Ali .

Uli .

O, mein Eis!

Ei | ei

Eis Eis Eis Eis Eis Eis Eis Ei

mein mein mein mein mein ei

  1 2 3

ein • eine

teilen • teilt

teilen teilt

teil teil

t t

H h

Hans hat eine Hose.

H H Ha Ho

Hans Hose Hase Hut Hans

Ha Ho Hu Ha Ho Hu

Hose • Hase

Hose Hase

H H

eine 

ein 

Nase Rose Lupe alle

H H H H

Zu den Fibelseiten 32, 33

h h h

hat hat hat hat hat hat

h h

Ina hat Hasen.

Mia

Mimi

holen • holt

holen holt

hol hol

h h

D d

Dana hat das Domino.

D

D

Da

Do

Dana Dana Dana Dana D D

D D Do Do

d d d

d

das das das der der der d

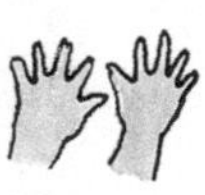    

d d

das das der der

der • das

Esel   Ei   Hund

Lama   Hase   Eis

Das sind Dinos.

sind

 und       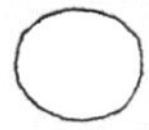

a

und am das Lama Rad

Hund Hand Sand Nadel

d

und am das Lama Rad

Hund Hand Sand Nadel

W w

Wenn der Wind weht, wird das Wasser wild.

W

v u W

Wal Wal Wal Wal Wal Wal

Wal Wal

w

v u w

w

wo w

we w

wi w

wer wo was wir w w w w w w w

wir wir

Ww Ww

Im Winter wird das Wasser Eis.

Im wird

U Uhu Wasser Wind Uhr

W Uhu Wasser Wind Uhr

U W U W

Sie sehen die Tiere.

ie

Marie Tier hier sie die nie

wie wieder Wiese Riese piepst

die Tiere die Tiere

Fips  

rufen

F Fi

F Fe

ips ips ips ips ips ips

ps o ahne lm uss

Fi Fo Fa Fl

eder enster est erien

Fe Fe

f f

ahren hel en ru en A e

f f

rufen • helfen • fahren

rufen	helfen	fahren
ruf	helf	fahr
r	h	f

f rufst hilfst holst lernst fein

l rufst hilfst holst lernst fein

h rufst hilfst holst lernst fein

f l h f l h

Auto 

 Haus

Au so Au so Au so Au so Au

5+4
6+3
7+2

Au Au

Auto

aus Haus Maus aus auf lauf laufen

au au

aus aus auf auf

laufen

lauf

l

Sie hin.

Zu den Fibelseiten 44, 45

das

die

eine

wir

Tiere

sie

Wir laufen aus dem Haus.

M m I i P p N n O o T t

L l A a U u E e S s R r H h

D d W w F f Ei ei Au au

B b

Sie bauen eine Bude.

B B

Bude Bude Bude Bude Bude B

B B

b b

b

bauen bauen bauen bauen b

b b

bauen bauen

Zu den Fibelseiten 46, 47

bauen • baut

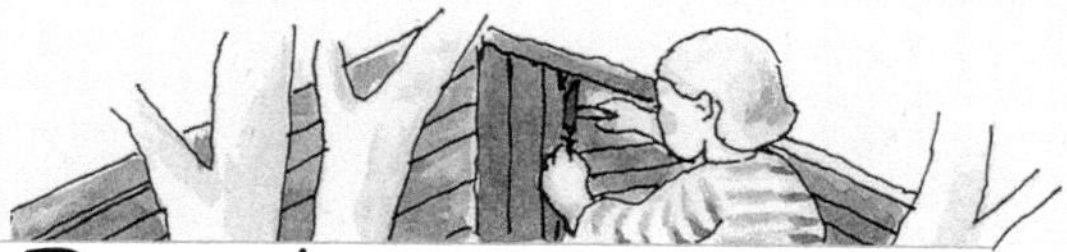

Nina . Beide .

Ali . Sie .

Wir haben ein Baumhaus.

haben haben haben be be be

haben haben

Wir

l laut baut haben holen

b laut baut haben holen

P Baum Pause Ball Pinsel

B Baum Pause Ball Pinsel

K k

Kati und Klaus kaufen ein.

K K
K

Kati Kati Kati Klaus Klaus Klaus

K K

k k k k
k

Kekse Kekse Kekse Kekse Kekse Kekse

k k

Kekse Kekse

Zu den Fibelseiten 48, 49

kaufen kauft

kauf kauf

kau kau

k k

Die Kinder kaufen ein.

das Kind das Kind

die Kinder die Kinder

Die

k

kauft ruhen hallo Rakete klein

holt Kekse Rehe Paket Uhu hat

h

kauft ruhen hallo Rakete klein

holt Kekse Rehe Paket Uhu hat

ch wie *ich*: *Eichel* • *frech* • *Licht* • *rechnen* • *weich* • *leicht* • *Becher*

ich

m

d

s

n t

rechnen

rechn

rech

r

rechnen *ich r*

lesen

laufen

bauen

Ich lese und rechne.

Ich

ch

wie ach: Buch • Tuch • suchen •

acht • Sachen • machen • wachen

lachen | kochen | tauchen

lach | koch | tauch

l | k | t

Wir wollen alle lachen

und tolle Sachen machen.

Wir wollen

Sch | sch

Ich schreibe in der Schule.

Schule Schule Schule Schule Schule

   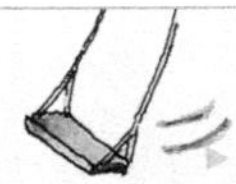

Sch Sch

Schule Schule

schon schon schon schon schon schon

sch sch

schon schon

Wir lernen in der Schule.

Wir

schreiben

re be

re re be be

schreiben

schreib

schr

sch

schlafen

schlaf

schl

sch

waschen ich wa

naschen

schreiben

schlafen

Ö	ö

Ich höre schöne Töne.

Ö Ö

h ren h rt m chten sch n tr sten

  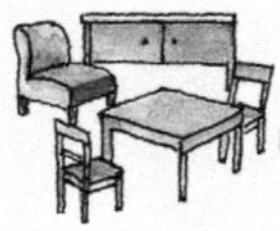 

ö ö

schön schön

hören hört möchten

hör hör möchte

h h möcht

m

sie h

sie m

Zu den Fibelseiten 56, 57

Ich habe fünf Wünsche.

Ü ü

ü ü

fünf fünf für für wünscht wünscht

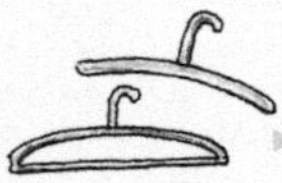

ü ü

fünf fünf

für für

wünschen

wünsch

wün

w

ich mir

Ich

Geige

G

G

g

Geige Geige Geige Geige Geige Geige

  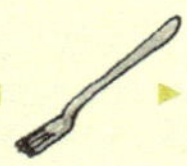  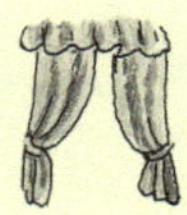

G G

Geige Geige Geige Geige Geige Geige

Zur Fibelseite 58

g g

Geige Geige

gehen • geht

gehen geht

geh geh

g g

sagen • sagt

sagen sagt

sag sag

s s

sie g

er g

sie s

er s

a sagt gesagt Tag Wagen lag

g sagt gesagt Tag Wagen lag

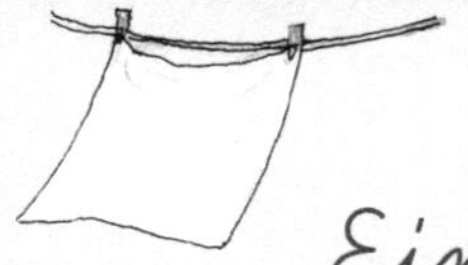

weiß

Ein weißes Tuch weht.

ß ß ß ß ß ß ß

weiß heiß beißen groß große grüßen

ß ß

große • großer • großes

eine ______ Giraffe

ein ______ Wal

ein ______ Lama

weiße • weißer • weißes

eine ______ Wolke

ein ______ Ball

ein ______ Tuch

Zur Fibelseite 59

Ich wünsche mir
einen Vogel von Oma.

V	v

Vogel Vogelhaus Vater Vati Veilchen

von vor viel viele vier verraten voll

V v V v

Vogel Vogel

von von vor vor

viel viel vier vier

Vater Vater

Ich will meinen Vogel gut versorgen.

I

Ich bekomme ______ Oma ein Tier.

Ich soll ______ der Tür warten.

Ob Oma einen ______ für mich kauft?

sorgen – ver

kaufen –

lesen –

V

Vogel Wal Wolle Vater Wolf

W

Vogel Wal Wolle Vater Wolf

v

was von viel wir vor wollen

vier wer wenn voll warm wo

w

was von viel wir vor wollen

vier wer wenn voll warm wo

Die Eule holt sich ihre Beute. 

Eu eu

Eule Eu Eu Eu

Eule Eule

neu heute Leute Beute Beule Scheune

Leute Leute

Freund Freundin freuen treu neun

Freund

mein Freund  meine Freundin

Heute um neun heulen neun Eulen. 

Heute

Auto · Eule · Eis · Freund · Eimer
laufen · freuen · Auge · laut · reimen
heute · Haus · klein · leise · Leute

Ei ei	Eu eu	Au au

Der Zauberer

Z | z

Z Z

Zirkus Zahl Zahn Zug Ziel Zauberer

Z Z

Zauberer

z z z

zu zum zur zeigen zaubern zwei

z z

Z z Z z

zum Zug gehen

Post gehen

Zirkus fahren

dir laufen

J j

Julia will jeden Tag lesen.

J J

Julia Juli Juni Jojo Judo Januar

J J

Julia Julia

j j

ja jagen jede jeder Jojo Boje jaulen

j j

ja ja

J-Monate:

Zur Fibelseite 63

Äpfel · Äste · Mädchen · Bär

Ä ä

Ä ä Ä ä

der Apfel – die

der Ball –

die Gans –

Ka tz en Sa tz Pla tz Scha tz Bli tz

tz tz

Ordne! Schreibe zum Bild!

Das - im - schläft - Korb - Kätzchen.

Äu äu

Äuglein • Räuber • Häuschen

Äu äu Äu äu

 das Haus – 

 die Maus – 

 der Baum – 

laufen • läuft

Die Kinder ____ um die Wette.

Uli ____ schnell.

Am schnellsten aber ____ Fips.

Die Räuber räumen ihre Räume auf ...

singen • klingen • bringen

ng

ng ng

singen singt

sing sing

sie

s s

er

Brücke • Glück • Dreieck • Viereck

ck

ck ck

Glück Glück

Ich hatte Glück ...

St | st

Stein • Storch • stecken • stellen

St St

st st

stecken

stellen

steck

stell

st

st

e st ll en

e ck en st

Schreibe 2 Sätze:

Ali - zusammen - Teile - steckt - die.

Ina - auf - Tiere - die - stellt.

Spaß • Spiel • spielen • sparen

Sp | sp

Sp Sp

sp sp

sparen

spar

sp

spielen

spiel

sp

r a en sp

ie en sp l

Schreibe 2 Sätze:

Ali - Ina - Domino - und - spielen.

Ina - Rad - ein - für - spart.

nk Anke · schenken · schenkt

nk nk

schenken

schenk

sch

Anja

Pf pf Pflanze · pflanzen · pflanzt

Pf Pf pf pf

pflanzen

pflanz

pfl

Anja

Quak, quak, quak!

Qu | qu

Qu Qu

Qualle Qualle

qu qu

quaken • quakt • quieken • quiekt

qu qu

sie

er

sie

es

X x

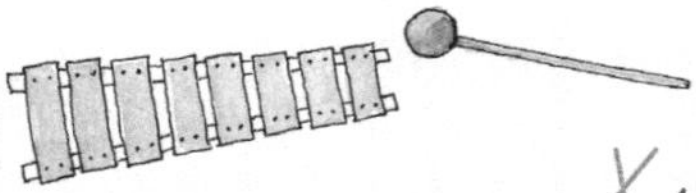

Xylophon

X X X

X X

Max und Felix

x x x

xi

Ma Ma Ma Feli Feli Feli

x x

xi xi

Taxi Taxi

xe xe

Hexe Hexe

Zur Fibelseite 75

Cora liest einen Comic.

C c

Comic Comic Comic

C Cc c

Comic Comic

Unser Baby Yvonne

Y y

Y y Y Y y y

Yvonne Yvonne Y Y

Baby Baby Baby Baby Baby Baby

y y

Baby Baby

Zu den Fibelseiten 76-79

r n m r n m

e l e l

l b h l b h

c o c o

a g a g

i u U i u U

M N M N

S s S s

v w v w

D P B D P B

R K R K

O G O G

S E S E

C c C c

u y u y

n p n p

l f l f

h k h k

a d a d

g qu g qu

i j y i j y

A A A A

Z z Z z

V W V W

P R P R

T F H T F H

I J I J

L Z L Z

X x X x

U Y U Y